En busca de la
Supremacía

José V. Velasco

Reservados todos los derechos. No se permite la reproducción total o parcial de esta obra, ni su incorporación a un sistema informático, ni su transmisión en cualquier forma o por cualquier medio (electrónico, mecánico, fotocopia, grabación u otros) sin autorización previa y por escrito de los titulares del copyright. La infracción de dichos derechos puede constituir un delito contra la propiedad intelectual.

El contenido de esta obra es responsabilidad del autor y no refleja necesariamente las opiniones de la casa editora. Todos los textos e imágenes fueron proporcionados por el autor, quien es el único responsable por los derechos de los mismos.

Publicado por Ibukku
www.ibukku.com
Diseño y maquetación: Índigo Estudio Gráfico
Copyright © 2021 José V. Velasco
ISBN Paperback: 978-1-68574-016-0
ISBN eBook: 978-1-68574-017-7

Prólogo

Este libro, fue creado; con el propósito de ayudar a muchas personas, que después de haber conocido la verdad, que es Jesucristo; se volvieron a la mentira, queriendo alcanzar propósitos, exponiéndose a la muerte, a la cárcel y a la salud física.

Agradecimiento

Agradezco, de todo corazón; a las personas que han trabajado en este libro, con el propósito de hacer realidad esta obra y poderlo llevar hasta las aulas de venta.

Introducción

Este libro, es la historia; de la vida de José V Velasco, desde su niñez hasta su madures. En él se cuentan historias que vivió, mientras era un niño, adolescente y un adulto; historias que de alguna manera las hemos vivido o escuchado todos.

"En las tinieblas de la ignorancia"

Nací, en un hogar producto de una relación fuera del matrimonio. En casa de mis abuelos, los cuales fueron unos excelentes padres para mí, hasta el día de sus muertes, los llore mucho.

Desde que entendí las conversaciones de ellos y de mis tíos, cómo de otras personas amigos de ellos. Los cuales hablaban de mundos desconocidos del más allá. Y me llevaron a velorios de muertos y rezos por ellos a los dioses del más allá, dónde vi cuadros que me perturbaron él alma, sentí, la necesidad; de buscar la verdad. O la supremacía de la verdad, sobre lo oculto o lo invisible.

Una de las cosas que no entendía; era él porqué las personas de mi pueblo le rezaban a unas imágenes de personas que supuestamente viven en el más allá, suplicaban por la vida de los que habían fallecido, que les perdonaran sus pecados y los recibieran en sus reinos.

Vi cuadros donde las personas se estaban quemando, y eran empujados por demonios, mientras que otros eran ayudados a salir de un hoyo de fuego.

Mi imaginación se iba muy lejos; tras esos cuadros y me preguntaba dónde queda eso.

Y no me pude adaptar a ese sistema de vida, aun cuándo lo use varias veces, haciendo oraciones y rezos.

Algo me decía, que esa no era la forma de llegar a la supremacía o a la verdad; que es el conocimiento sobre la palabra de Dios.

La verdad, es la palabra de Dios, él padre de Jesucristo el Rey del universo y Dios con nosotros.

Mientras vivía en el pueblo de donde soy; vi la muerte de muchas personas, unas por asesinato y otras por enfermedades, y a sus familias llorar sin consuelo.

Mi pregunta era ¿Porqué mueren las personas? No entendía por qué morimos los seres humanos, mucho menos, porque muere todo lo que nace en este mundo; sentía mucho temor a lo desconocido.

Crecí junto a mi madre; la cual al verse sola decidió acompañarse con otro hombre y parió un hijo de ese hombre, éste la dejó y se fue.

Más tarde, ella conoció a otro hombre y la historio se repitió y parió una hembra.

Más tarde, conoció, a otro hombre y se acompañaron, parió dos hijos una hembra y un varón.

Este hombre fue duro y cruel conmigo y con mi otro mi hermano; nos trato cómo a trabajadores esclavos, no, nos podíamos acercar a él, pareciera que nos odiaba.

Nos llevaba a trabajar y nos daba tareas, nos golpeaba con lo que tenía en la mano sin lástima, y nos causaba terror, mi madre se oponía pero tan bien le daba con lo que tenía en la mano.

Me dolía más ver cuándo golpeaba a mi madre, que los golpes que me daba a mí.

En muchas ocasiones tuve malos pensamientos de quererlo asesinar mientras él estaba dormido, pero alga me decía que no lo hiciera, que mejor me fuera lejos de ellos, para no ver ese maltrato.

No, teníamos una buena alimentación y vivíamos muy mal, él tomaba mucho licor y fumaba hasta dos paquetes de cigarrillos diarios.

A mis trece años, me fui de la casa para donde un tío y le pedí que me empleara con él.

A pesar que me encontraba con un tío al cual queríamos mucho, extrañaba la casa y a la familia, la cama donde dormía con mi hermano.

A los cuatro días, llegó mi madre y le dijo; a mi tío que me iba a llevar de regreso con ella, y así fue, me regresé con ella.

Pero a los días, el mismo problema; está vez me fui a una ciudad cercana y mí madre me anduvo buscando por donde todos los tíos y no me encontró.

Su preocupación era tan grande que lloraba mucho por mí, no sabía dónde me encontraba.

Por otra parte, yo ya estaba trabajando a mis trece años y el primer pago que me dieron, después de haber comido y dormido mal, con la misma ropa de trabajo, en una parte muy fresca del país, dónde la primera noche no la dormí por el frío, la dedique a mi madre, y fui a buscar a alguien que llegaba cerca de donde yo estaba, y le pedí de favor que me le llevara a mi madre parte de ese dinero y que le dijera que no se preocupara que yo estaba bien.

El siguiente día, muy de mañana mi madre estaba ahí, eso fue de mucha alegría verla, pero esta vez ya no me pudo llevar con ella, le dije; déjeme trabajar y de lo que gane le guardare una parte venga todas las semanas.

Y así fue, ella llegaba a verme, y yo le daba de lo que me habían pagado, pase muchas angustias y aflicciones, me preguntaba ¿Será que existe, una mejor vida?

Mientras veía los hogares y yo durmiendo a la intemperie, porque no tenía un hogar, y decía felices los que tienen una familia y un hogar.

Y ha pesar de todas esas diferencias, entre mi padre adoptivo y yo, lo llegué a querer mucho y a respetarlo.

Entendí, que su amargura era porque él ya había dejado otro hogar abandonado y lo que se podían comer sus hijos, nos lo comíamos nosotros los hijos adoptivos.

Y siempre trate de que él se sintiera bien, a él le gustaba mucha ir a mi casa, donde lo recibimos bien y la orden era atiéndanlo bien, y así fue hasta el día de su muerte.

Yo creo que lo lloré más que sus propios hijos el día de su muerte; toda aquella noche y después toda esa semana.

Por eso, usted sea bueno, respete para que lo respeten, ande con cuidado, busque a Dios mientras puede ser hallado. Piense, que a los buenos Dios los recompensa.

"La realidad, de la vida"

A pesar, de la vida que me toco vivir; entendí que la vida, es bella y un regalo de Dios.

Hay que cuidarla, y darle gracias a Dios por ella, en el nombre de Jesucristo él Señor Dios con nosotros.

Desde niño, pensaba cómo cuidarme de los que andan buscando la forma de derramar sangre.

Esto es en personas que no temen en matar a otros; vi como mataron algunas personas, en muchas ocasiones, y temía que eso me llegara a suceder a mí.

A mis nueve años de vida, se desarrollo la guerra con el hermano país de Honduras, y diez años más tarde llegó la guerra civil que duró casi trece años.

En la guerra con Honduras, nosotros vivíamos junto a una de las carreteras que llegaba a la frontera, a unos treinta kilómetros de la línea fronteriza.

El sonar de las ametralladoras y morteros se escuchaba bien cerca y los vuelos de los aviones de guerra eran frecuentes; no sabíamos si el ejercito de Honduras se estaba acercando, los aviones volaban sobre nuestras cabezas.

Tanto de Honduras como de El Salvador, yo deseaba que mi madre empacara y nos fuéramos lejos de ahí, pues temía morir.

Más cuando escuchaba las conversaciones de los hombres, que decían que las tropas hondureñas mataban a niños y adultos, y se estaban acercando.

Y me preguntaba si algún día me tocaría a mí morir, sentía la necesidad de un Salvador protector, mi alma se angustiaba mucho y no había quien me consolara, mis abuelos ya habían muerto, fue algo muy duro y triste para mí.

Mi madre era una madre soltera; se iba a trabajar al mercado de la ciudad, compraba y vendía frutas, pero nosotros nos quedábamos solos en la casa, solo con la supervisión de una tía, y así pasó el tiempo.

Un día, ya a mis trece años, estaba en la capital de mi país, era mi primera vez; y andaba trabajando, cuando a eso de las diez de la noche, llegaron dos hombres y agarraron al que era mi jefe, y lo golpearon hasta dejarlo muerto, y yo quise tomar un hierro y golpear a uno de ellos y me dijo con la pistola que no lo hiciera y me quedé quieto temblando de miedo.

Eso, me dio tanto temor que deseaba hacer algo para defenderme, pero no sabía qué hacer.

Un día caminando por las calles, cómo un vaga mundo; me encontré con un hombre quien me dijo; que era maestro de karate taekwondo, y que me podía enseñar el arte de defenderme. Después de haber tenido una larga conversación con él, decidí ir a su escuela.

Yo ni sabía que era eso, yo era una persona de campo. Pero le dije que estaba interesado y me llevo al lugar donde tenía su gimnasio y me dijo; no sé por qué, pero quiero enseñarte y ahí me pagas cuando puedas.

Me dio, un día para llegar, y llegué sin ropa para gimnasia, los pies me apestaban. Los otros alumnos, se apartaron y el resultado fue que el profesor me mando a lavar los pies para poder estar en la arena de entrenamiento.

Pero eso llegó a ser mi religión, lo practicaba en todo tiempo, antes de salir a trabajar y después de trabajar, los siete días de la semana, era mi religión.

Eso me trajo más problemas en mi vida, hasta el punto que casi me matan en más de una ocasión.

Recuerdo que en una noche, llevaba a la que ahora es mi esposa a ver una película de Vicente Fernández al cine, y de repente apareció una mujer, que me comenzó a insultar. A los minutos aparecieron cuatro o cinco hombres con cuchillos y se hizo un pleito tan grande que los artículos de venta volaban por todas partes ahí.

Perseguí, a uno de ellos; y me fui, pero más tarde tuve que regresar a buscar a la que ahora es mi esposa, pensé ¿le habrán hecho algo a ella? Pero no, ella, se apartó y se regresó a casa.

Yo seguía creyendo en que tiene que haber una mejor vida, pero yo no la tenía; me puse violento y tuve muchos problemas con los compañeros de trabajo.

Para mí no había hombre grande ni fuerte, a todos los veía por igual, Yo me sentía invencible y más cuando aparecieron las películas de Bruce Lee, y otros actores.

Eso era cómo tomar *Red Bull*, hacia ejercicio cómo un loco; era mi religión.

Los problemas yo no los buscaba, ellos me seguían a mí; tuve que moverme de una ciudad a otra, pensando en que quizás en una nueva ciudad encontraría una mejor vida y menos problemas.

Pero eso no llegó, hasta que un día como hoy acepte a Jesucristo, cómo mi Señor y Salvador, y fue entonces que respire tranquilidad.

Y aunque yo venía cargando, algunos dijes de metal; y creía en las imágenes de la religión, me gustaba oír a los que me hablaban de la fe en Jesucristo, el Señor Dios con nosotros, el Rey del universo.

Y así pasaron muchos días, hasta que me encontré en una pelea con unos hombres de la guardia nacional de mi país El Salvador, los cuales andaban de civil, les di tan fuerte que de una vez se fueron al hospital, pues la pelea la tuvimos ahí enfrente de el hospital.

Las consecuencias de ese problema eran graves, pues teníamos casi cuatro años de guerra interna, y la guardia nacional era uno de los cuerpos de elite del gobierno más criminal, asesinaban a todos los capturados durante el día, por la noche. Esos no entregaban a los reos que capturaban, durante el día los asesinaban por la noche.

A muchos, los hacían pedazos y los dejaban en los parques, a otros los colgaban de los puentes, se le tenía más miedo a las autoridades que a los grupos guerrilleros.

Y así, de esa manera; las autoridades de mi país El Salvador en la década de los ochenta violaban los derechos de los ciudadanos, por lo cual muchos emigraron a diferentes países del mundo, para preservar sus vidas.

Yo, no huí, me quede ahí, no quería dejar la familia que tenía, la mujer que ahora es mi esposa y dos hijas con ella, no estábamos casados, nos casamos después de que recibimos al Señor Jesucristo como nuestro Señor y Salvador personal.

Un grupo, de guardias me capturo el siguiente día, después de la pelea. Me entraron, en el recinto; y me dieron un tour adentro, me enseñaron los machetes y los trapos que le ponían en la boca a los que asesinaban cada noche, y me dijeron que no tratara de fugarme.

Pensé, será posible que voy a morir hoy, no lo puedo creer.

Pensé, en mi madre, en mi esposa, en mis hijas, y comencé hacer un plan para escapar o morir en el intento.

En ese tiempo a los presos no les amarraban los pies cómo lo hacen hoy en día, y yo era muy rápido con mis pies para golpear a alguien, esa era una de mis opciones, golpear a los guardias y escapar, no sé si lo hubiera logrado.

Pero no hubo necesidad de eso, cómo a las tres horas y media, me llevaron donde el sargento que estaba de turno, porque el capitán no estaba.

Y un señor al que yo conocía, estaba hablando con el sargento, y el sargento le dijo; aquí está el muchacho que usted quiere, si me trae 500 pesos ahora mismo se lo entrego, antes que llegue la noche.

En ese tiempo, el salario mínimo era de 8.00 pesos el día y Yo ganaba como 14.00 pesos el día, $2,00 pero aun así era una gran deuda para mí.

El señor sacó de sus ropas una bolsa de papel y le dijo al sargento, aquí está su dinero, deje ir al muchacho.

El sargento agarró la bolsa y contó el dinero, se emocionó tanto y le dijo al guardia que me llevó, suelta al muchacho, y luego me dijo a mí, no te preocupes, tú quedas libre, nadie te tiene que amenazar vete tranquilo a tu casa.

El señor que pagó el dinero, salió primero que yo a la calle, pero cuando yo salí tras él para darle las gracias y preguntarle cómo le iba a pagar ese dinero, el hombre desapareció, no se veía en toda la calle.

Hasta hoy, sigo creyendo quien sería ese hombre, pues el señor que yo conocía nunca me cobró ese dinero y yo nunca le pregunté nada, por temor a que no tenía esa gran cantidad para pagarle.

Mi pregunta ha sido, ¿sería un ángel ese hombre que pagó por mi rescate, para que yo no fuera asesinado esa noche, aun cuando yo tenía mi propio plan de escape?

Solo Dios sabe la verdad.

Y así tuve muchas peleas, recuerdo una con un sargento de la policía, el cual andaba de civil; en una ciudad que se llama San Martín.

Él era muy alto y fuerte, peleamos como diez minutos y se me corrió herido de la cara, se entró en una casa y yo me subí en un microbus y me fui a la Capital.

El siguiente día me contaron que el hombre regresó con toda la policía a buscarme y anduvo preguntando si alguien me conocía, pero todos dijeron, que no; y fue así que me di cuenta que era un sargento al que yo había golpeado

Recuerdo, que de niño; le temía a los espantos, por las historias que escuchaba de los más viejos, los cuales contaban historias de terror, y no había tv.

Cómo la de la siguanaba, o la llorona; que aparecía en los ríos, cómo una señora elegante, lavando ropa, y cuándo la saludaban, ella se daba la vuelta, para ver al hombre que le hablaba, y su rostro era horrible descarnado, no la podían tocar, pero ella si tocaba a los hombre y los dejaba arañados.

Los hombres quedaban locos de la impresión al verla, también se robaba a los niños y se los llevaba a las partes más feas de los ríos, dónde los padres no los encontraran.

Si una persona se sentaba, con la espalda para fuera en una ventana, ella lo miraba desde fuera y podía meter su mano y rasgar su piel, había que tener mucho cuidado, que todo estuviera bien cerrado.

Había muchas historias, cómo la del cadejo o chupa cabras, decían que era en forma de un perro negro y sus ojos eran rojos, mataba a personas o los dejaba heridos y locos.

Esas historias me llenaban de terror, por las noches y no podía dormir, pero cuándo a acepte a Jesucristo, eso se fue y vino la paz y la tranquilidad.

Recuerdo a mis trece años, todavía estaba en casa, no me había ido; un día me agarró la noche en casa de unos amigos y no había alumbrado eléctrico para llegar a mi casa, como por cuatro cuadras o blocks.

Eso fue muy espantoso, para mí; la luna esta brillando, pero había una montaña de árboles y ahí era oscuro la luz de la luna no alumbraba bien. Cuándo llegué ahí, sentí el ruido de un animal muy grande y pensé, quizás es una vaca o un toro, pero sentí tanto miedo, que no quería pasar en esa parte oscura y no se podía evadir el camino.

Me quedé donde me daba la luz de la luna y deseaba que de la casa me fueran a encontrar y espere y nadie llegó por mi y se hacía más y más noche.

Me puse a rezar, y recuerdo que rece tanto, pidiéndole a Dios me ayudara a llegar a mi casa, que rece el Padre Nuestro muchas veces, y no sabía que el Padre Nuestro, es una oración modelo de Jesucristo él Señor Dios con nosotros.

Tome un machete que llevaba en mis manos, cómo era costumbre en los pueblos de antes, y lo puse con la punta hacia delante, y dije; si es una vaca, con este machete la tocaré y comencé a caminar y cuando entré en la oscuridad, la bestia comenzó a caminar delante de mí, pero respiraba como un caballo cansado.

Llegué a mi casa y me acosté mirando para la sala, y pensando que podría haber sido eso, que no me dejaba pasar pues no vi nada cuándo llegué al otro lado de la montaña.

Y de repente, tronó la puerta, quitaron llave y se abrió la puerta, la claridad de la luna entraba y un perro negro entró y se dirigió hacia mí. El animal, puso su rostro pegado al mío, sus ojos pegados a los míos, podía sentir lo helado de su nariz.

Le quería pegar una pescozada, pero no podía; yo estaba paralizado, no me podía mover.

Entonces, comencé a rezar, el Padre Nuestro y el animal se comenzó a retirar, antes de salir de la casa me vio y movió la cabeza cómo queriéndome amenazar, salió y la puerta sé cerró sola.

Y yo me pude mover, le grité a mi madre y le dije lo que había pasado, salimos todos a ver y no vimos nada, el cadejo o chupa cabra había desaparecido.

Las personas a las que les he contado esta historia, me dicen que yo estaba soñando, pero no es cierto. Estaba bien despierto, ¿quien se duerme con la adrenalina alta?.

Y así, cómo esta historia he vivido muchas, creo con todo mi corazón que los espíritus engañadores o demonios viven y se mueven en la oscuridad, su trabajo es seducir, engañar y atemorizar a las personas.

También, se pueden transformarse en objetos voladores, hologramas o espantos, animales y personas.

Ellos mismos, son los que se ven volando en naves de extraterrestres y entran en la boca de los volcanes activos a gran velocidad, algo normal no hace eso.

Ellos, no se le aparecen a un cristiano, porque un cristiano tiene la espada de Jesucristo, la palabra de Dios.

Ellos quieren gobernar el mundo, como antes del diluvio; pero no se les permitirá, hasta que los creyentes en Jesucristo desaparezcan en el Rapto.

Luego el mundo se les entregará por corto tiempo, para que los que aman la mentira, se sacien de la mentira; tal vez por tres años o más.

Hoy que conozco a Jesucristo cómo el Señor y Rey del universo; Dios de lo visible y lo invisible, no le temo a esas creaturas que andan merodeando por ahí, y no me acuesto a dormir sin antes orar a Él, y darle las gracias por su bondad y cuidados; por mí, mi familia y por todos los que le aman en toda la tierra.

Le doy las gracias por un día más, le pido perdón y le ruego que me libre de toda tentación, espiritual, carnal y material.

Porque aun en los sueños, el mal nos visita, recuerdo que tenía sueños muy malos antes de conocer a Jesucristo, cómo mi Señor y Salvador personal.

Tenía sueños dónde me veía perseguido por una enorme serpiente, podía ver su enorme cuerpo moviéndose entre la maleza y cuando yo corría ella corría tras mi, despertaba cansado y agotado casi ahogándome, del susto.

Otro sueño que me perturbaba mucho, era un gato negro, podía oír sus pasos afuera de la casa donde yo dormía, merodeándome y podía ver cuando se entraba por la parte del tejado, las casa en Centroamérica son diferente de las de Estados Unidos.

Lo podía ver y trataba de no moverme, pero el observaba a todos los que dormían a mi alrededor y luego se lanzaba sobre mí y no me podía mover debajo de él.

Su peso se convertía cómo el peso de una vaca o de un león, era imposible moverme, ya casi ahogándome despertaba, porque alguien oía mi pesadilla y me despertaban.

Así es cómo ellos matan a muchas personas, en la noche y los médicos, dicen; es que murieron de un paro cardiaco.

Todo eso terminó desde el día que recibí al Señor Jesucristo, cómo mi Señor y Salvador personal.

También, vi cómo alguien me daba un tiro y podía ver la sangre saliendo de mí por la herida, sentía el dolor y la angustia de que me estaba muriendo y despertaba ahogándome del susto.

Cuándo, me comenzaron hablar de Jesucristo; entendí lo que dice; él sabio Saulo de Tarso; Cree en el Señor Jesucristo, y Serás Salvo tú y tu casa.

Y aunque en muchas ocasiones me encontré con personas que me dispararon, gracias a Dios y a Jesucristo su hijo, nunca me tocó una bala.

Yo creo que Dios, en la persona de Jesucristo, nos protege y nos salva, por amor a su nombre, aun cuando nuestros pasos no sean perfectos delante de Él.

Y digo esto porque yo, después de haber militado en los caminos de el Señor, retrocedí; haciendo lo malo, como antes de conocerlo a Él cómo mi Señor y Salvador.

Aún cuándo habíamos visto la mano de el Señor en nuestras vidas, hice lo malo, lo negué muchas veces, me emborraché y me prostituí, eso detuvo la bendición y la protección, de Dios en mi vida y mi familia.

Creo con todo mi corazón, que si Dios no hubiera tenido misericordia de mí, nunca me hubiera restaurado en la fe, y la esperanzas de Jesucristo el Señor Dios con nosotros.

No te sientas sabio, en tu propia opinión, teme al Señor y presta atención a los que predican el Santo Evangelio de Jesucristo, que son las buenas noticias de que Dios te perdona, te bendice, y te salva por medio de Jesucristo, su santo hijo amado, en quien él tiene complacencia.

"Un camino, oscuro y estrecho"

En mi país, El Salvador; habíamos salido de una guerra sin sentido al menos para el pueblo, dónde había habido muchos miles de muertos.

Vivir en El Salvador, era angustioso; para los civiles y para la clase trabajadora; las personas salían de sus casas, pero no sabían si volverían.

Los únicos beneficiados de esa guerra habían sido los que gobernaban, desde el más pequeño hasta el más grande funcionario público.

El robo, ha sido, es y será la almohada de los que gobiernan.

Y después de la guerra, el crimen, el secuestro, la extorsión, eran la comida de los pobres, y las autoridades estaban asociadas con los delincuentes y el pueblo empobrecía más y más.

Ir a denunciar a alguien era el crimen más grande que una persona podía cometer en nuestro país, El Salvador, y me imagino que en los países vecinos era lo mismo.

Dos días antes de salir para los Estados Unidos, me encontré con dos hombres los cuales sin mediar palabras me dispararon.

Gracias a Dios no me tocó una bala, a Él le debo la vida y todo lo que tengo; Él me quitara la vida cuando Él crea que es tiempo de partir de este mundo, a otro donde me esperan cosas mejores.

En esos días salimos de nuestro querido El Salvador, hacia una tierra que no conocíamos, solo habíamos escuchado hablar de ella.

Llegamos aquí a donde unos familiares, que nos trataron bien; pero nos sentíamos confundidos, no sabíamos dónde estábamos, ni a dónde íbamos, hasta que conocimos el sistema de mapas de los Estados Unidos.

Y aunque nos costó adaptarnos al sistema de vida, al frío y al calor, al trabajo y a las amenazas de una deportación, nos sentíamos mejor y más seguros, que en nuestro propio país, dónde si prosperas tienes problemas y si no prosperas tienes problemas, porque no hay dinero para comprar comida, y había que pagarle al gobierno y a las pandillas, los impuestos.

Entendí que la única libertad es Jesucristo, el Señor Dios con nosotros y Rey del universo.

La libertad, no es una bandera o una nación, las riquezas o la fama; la libertad se llama Jesucristo, porqué solo Él, nos puede dar paz, en medio de la tormenta.

Solamente Dios, en la persona de su Santo Espíritu, por medio de Jesucristo el Rey del universo, el Señor Dios con nosotros a quien sea la gloria, la honra, y el poder por los siglos de los siglos amén.

Esa paz no se encuentra en ningún elemento de la materia, solamente en Dios, por medio de Jesucristo el Señor; Dios con nosotros.

Los que quieren ser felices, por medio de la materia, lo carnal, lo inmoral, y lo material, pronto se darán cuenta que la vida no vale nada, que el pecado solo harta los sentidos de la carne y deja vacío el corazón y lleno de tinieblas al espíritu humano, las cuales perturbaran la salud física, mental y espiritual.

Aprendí que cuando tengo problemas, y mi espíritu se llena de ansiedad, me pongo de rodillas y comienzo a dar gracias a Dios, el Padre celestial, en el nombre de Jesucristo el Señor Dios con nosotros.

Le doy gracias, le canto canciones de alabanza, y le hablo diciéndole, Señor, tú has sido, mi refugio, mi amparo y mi fortaleza, mi pronto auxilio y mi protección, el único que se preocupa por mí bienestar y me da más de lo que necesito.

Señor, tú sabes que soy un pecador, porque vivo en un mundo de pecado, y aquí peca hasta el más cuerdo.

Señor, peco con mirar, hablar, oír, hasta con comer, pero no tengo otros dioses delante de mí.

Tú eres mi Dios, mi Padre, mi proveedor, mi sustentador, mi Dios en quien confío, ayúdame por favor, en el nombre de Jesucristo, tú Santo hijo amado.

Le digo; dame tu paz por favor; porque me siento muy afligido, con este problema, ayúdame a solucionarlo por favor.

Y me levanto de delante de él, dándole gracias, y me mantengo dándole gracias y cantándole. Cuando siento el problema que no podía solucionar comienza a solucionarse, y eso me mantiene con gozo, mucha alegría y paz, porque nadie puede estar alegre, si esta triste o afligido/a, enfermo o amenazado, ese es un angosto camino, que no te deja prosperar.

Pero, si te dejas llevar por él Señor; y tú solo das gracias y cantas al Señor, el angosto camino, no te fatigará, ni de día, ni de noche.

Y así, el angosto camino, duro, estrecho, y oscuro, desaparece de mi vida siempre.

Sigo caminando, con la esperanza de que algún día llegaré a mi destino final y entraré en el que será mi nuevo hogar por siempre, en el Reino de la luz.

Los israelitas, le enseñan a sus hijos y nietos; que las casas que vemos en los grandes y pequeños pueblos de la tierra, solo son sepulcros y cuevas, dónde los humanos se refugian de las inclemencias del tiempo.

Que, el verdadero hogar; es el cielo, donde moran los justos y el ABBA KADOSH, o Padre Santo

Viviendo, en el Reino de la luz

He entendido, que no estamos solos en este mundo; lo compartimos con otra sociedad a la cual se le llama, el reino de las tinieblas y también con los seres de el Reino de la luz los cuales nos visitan y nos ayudan.

Si pudiéramos, ver en el mundo invisible, cómo lo hicieron algunos hombres de la Santa Biblia, entre los cuales están Moisés, Elías, Eliseo, Samuel y Nuestro Gran Sumo Sacerdote, Señor y Salvador Jesucristo; Dios, con nosotros, nos daríamos cuenta de que el mundo en el que vivimos, aun cuándo aparezca bello es terrible, de ahí el llamado; No améis el mundo, ni lo que está en el mundo.

La tierra, está llena de sangre; sea derramado sangre, por terrenos, casas, y otros bienes, que son parte de lo que el mundo produce.

Todo, por prestar atención a esas palabras que vienen del mundo invisible, y te dicen; mira eso puede ser tuyo, si lo peleas y te haces el fuerte, no tengas miedo, que los cobardes siempre están pobres y deseando.

Me refiero al mundo de lo que llamaríamos, el mundo de los espíritus; porque no los podemos ver, pero ellos si nos ven y nos pueden tocar y hablar, se mueven en nuestro derredor.

Hay muchos seres ahí, que caminan junto a nosotros y siempre nos están hablando, y muchas veces por boca de nuestros seres queridos.

Nos dicen, deberías, hacer esto; si haces esto te irá bien.

Otros nos dicen; mejor deberías hacer aquello.

Otros nos dicen; lo mejor que debes hacer es esto y nos muestran panoramas, acudimos a nuestros amigos y les contamos nuestros planes, y unos nos dicen; una cosa y otros nos dicen; otra y no sabemos qué hacer.

Y seguimos escuchando voces, has esto, y otra nos dice; has está, y cavilamos entre dos o tres pensamientos y no sabemos qué hacer pero nos decidimos por una.

Muchas veces, nos va bien, pero en otras nos va mal.

Si nos va bien, nos creemos los súper sabios, y si nos va mal, buscamos a quien echarle las culpas.

Siempre decimos a alguien por tu culpa.

Esto pasa siempre en el reino de las tinieblas, y por eso es que vemos muchas personas, viviendo mal, otras enfermas y sin esperanzas de cura, otros se ve que están bien, pero en realidad no lo están.

Uno, solo se da cuenta cuando habla con ellas, se ven fuertes, saludables y felices, porque en realidad no se pueden estar quejando, pero viven amargadas/os, la amargura se ha apoderado de ellos.

Los seres del mundo invisible, pueden manipular a los seres humanos, sus sentidos, sus cuerdas vocales, sus instintos, su salud física y sus sueños de todo tipo.

El señor Jesucristo, nos dice que el enemigo, llegó por la noche y sembró cizaña en el terreno de un hombre, él cual había sembrado buena semilla [su mente].

La cizaña, son mentiras que parecen verdades y los sueños parecen reales, pero son mentiras.

Ese, fue mi mundo; si alguien después de leer este libro, dice que no es cierto lo que digo, que sea el primero en tirar la primera piedra.

Muchas veces, vi cómo algunas personas les iba bien en todo, pero al poco tiempo estaban mal; y muchos de esos ya murieron.

El Reino de la luz, en el mismo mundo de las tinieblas; aquí dónde vivimos, en cualquier, pueblo o país de la tierra.

Con la diferencia de que el Reino de la luz, es la ayuda que recibimos de parte de Dios, nuestro Padre Celestial, por medio de Jesucristo .

Para vivir, un cincuenta por ciento más tranquilos y seguros, mientras nos dura la vida, por medio de Jesucristo, el Señor Dios con nosotros.

El Rey y Señor del universo, y Dios de lo visible y lo invisible, sean tronos o reinos.

Dios establece su Reino con nosotros, cuando recibimos a Jesucristo, como el Señor y Salvador de nuestras vidas.

Él envía su ayuda a través de sus ángeles, su presencia se hace real en nosotros, por medio de su Santo Espíritu y también a través de sus ángeles y si la situación lo amerita él se hace presente en persona, para unirse a la lucha en contra de las fuerzas del mal, las cuales pueden estar usando a alguien para afligirnos, o seducirnos.

Y es entonces que nos va un poco mejor en la vida, diríamos un cincuenta por ciento.

El problema es que aun dentro del Reino de Dios, las personas del mundo invisible, nos siguen hablando.

Y depende, de nuestro carácter en pensamientos, palabras y hechos, que nos irá bien.

Porque, el Señor nos dice en su palabra. Pongo delante de ti la vida y la muerte: Escoge pues la vida, para que vivas y te vaya bien.

En tu boca, está el poder de la vida, y de la muerte.

En la tradición judía, los rabinos; se ponen una cajita con versos de las Sagradas Escrituras en sus frentes.

Con versos como: Amarás al Señor con toda tu alma, con toda tu mente.

Para nosotros, los que tenemos el Espíritu Santo, nuestro pensamiento debe ser de continuo.

Señor, te adoro con toda mi alma. Señor, tú eres mi luz y mi Salvación. Señor, tú eres mi abrigo y mi proveedor. Señor, tú eres mi Dios en quien confío. Señor, te alabaré por siempre, porque tú siempre me escuchas y me respondes.

Señor, mi pensamiento eres tú. Señor, no temeré lo que me puedan hacer mis enemigos.

Tú eres mi escudo y mi libertador. Mi Dios en quien confío. Señor, te amo y te adoro con toda mi alma y con todo mi corazón. Tú eres mi paz, mi gozo, mi alegría, te adoraré por siempre en el nombre de Jesucristo, el Señor Dios con nosotros amén.

Eso es pensamiento continúo en el Señor, Nuestro Dios. Eso es vivir en el Reino de la luz.

Yo lo tengo bien comprobado, que cuando mi pensamiento dejó de hacer esto, caí en la desgracia.

Se apoderó de mí la duda, el temor, y llegaron los problemas sin que yo me los buscara.

En vez de orar y alabar a mi Señor y pedirle perdón; traté de solucionar los problemas y terminé mal.

Eso hizo que llegara tan bajo que lo negué muchas veces, y quise refugiarme en el amor prohibido y el licor; pero eso me estaba llevando cada vez más bajo, hasta el punto en que por un instante pierdo la vida.

Eso, le ha pasado a millones de personas, de los cuales muchos perdieron la Salvación, eterna.

Así, que si estás pasando momentos difíciles, alaba al Señor y pídele perdón y vuelve a reconstruir las obras que has dejado de hacer.

Ora, con súplica; y ten paciencia, que a su debido tiempo el Señor te contestará. Si te ha dejado con vida, es porque él quiere restaurarte.

En el Reino, de la luz, Dios está con nosotros para ayudarnos en este mundo de peligros y muerte.

No por las personas que se dejan manipular por las creaturas de lo invisible para hacer lo malo y derramar sangre inocente, si no por los seres del mundo invisible, que nos rodean y nos inducen hacer lo que a nuestro Padre celestial no le agrada.

A través, de nuestros propios pensamiento, palabras negativas, sueños y personas que nos hablan.

Ora a tu Padre Celestial por cada situación que parezca buena o negativa y tu Padre Celestial te responderá, si es buena, no se caerá y permanecerá, nadie la tomará, porque es para ti.

De una cosa estoy seguro, que todo lo bueno, viene de Dios, nuestro Padre Celestial, en el nombre maravilloso de Jesucristo Dios con nosotros.

El mundo es un mercado, donde se compran voluntades y conciencias, y se ofrece todo tipo de placeres a cambio de nuestra alma, y para que tu cuerpo sea la morada de seres invisibles.

Sin darnos cuenta, somos una casa llena de seres indeseables, que dañan nuestra vida física, moral y espiritual.

Por eso, el llamado es: Cree en el Señor Jesucristo y serás salvo tú y tu casa.

Si somos felices en este mundo, con Jesucristo y todo lo que tenemos, poco o mucho, entonces, seremos felices en cualquier mundo que vivamos, después de éste.

Hoy aprendí, que la mejor vida que podemos tener en este mundo; es refugiándonos en Jesucristo el hijo de Dios, y depositando toda nuestra confianza en él.

Nuestra fe y confianza, deben estar bien cimentadas en él, y en su palabra, que es la verdad sobre el conocimiento de Dios.

Porque después de esta vida, solamente queda él.

Los problemas, son pasajeros, pero él permanece para siempre.

Él es el átomo de la vida, y solo él le puede dar vida a la materia y nosotros somos materia.

Hoy disfruto de la vida mejor que antes; le doy amor y respeto a todos y en especial a los de mi casa o familia.

Aprendí que Jesucristo es el abogado de las almas en este mundo, y que él es fiel, tierno, justo y amoroso, si quieres que te vaya bien en esta vida y la venidera, búscale mientras puede ser hallado.

Porque Dios está entre nosotros y Él nos ha bendecido con salud y muchas cosas materiales, como trabajo, casa y tranquilidad.

Espero partir de este mundo en paz; después de ver a mi familia multiplicarse y ser bendecidos.

La vida es bella, y con Jesucristo Dios con nosotros, es mucho mejor y con promesas de vida eterna.

Yo creo que sin Dios no soy nada, pero con Dios, soy fuerte, soy firme, invencible, imparable, constante, resuelto, soy capaz de todo.

Con Dios estoy seguro, tengo lo suficiente, no me preocupo por nada, estoy seguro que hasta las mas pésimas pruebas, serán vencidas, con gozo y alegría.

Cuando vengan momentos difíciles, recuerda que Dios no nos dio espíritu de cobardía, sino de poder, amor y dominio propio.

Él es la supremacía o lo supremo, La excelencia, La verdad, La justicia y La vida eterna. En él están escondidas todas las riquezas de lo supremo, en está vida y en la venidera.

Él es el único que puede cambiar nuestro lamento en fiesta y nuestra vida de fracasos en una vida de paz, confianza y seguridad.

En Diciembre del 2020 me golpeó duro, el covid 19; y con el la neumonía, pase un mes en el hospital y otro mes en casa con el oxígeno, casi muero, pero Dios me salvo de morir otra vez.

He entendido que la vida es como la vida de los marineros de la antigüedad cuando regresaban a casa.

Ellos iban de prisa, pero tenían que ir de puerto en puerto, para descansar y abastecerse. Y entre un puerto y otro puerto, muchas veces la lucha era dura, por las furiosas hondas del mar tormentas y huracanes, que despedazaban las velas y parte del barco.

Donde nos esperan con aplausos, y besos santos.

Así es nuestra vida en este pequeño mundo; hasta que lleguemos, al puerto de nuestra ciudad permanente.

Fíate de todo corazón, en Él y Él te responderá en el día malo.

Este pobre clamó a Él, y El le respondió y lo libro de muchos males.

Para mi YAHSHUA, es El Rey del universo; Él nunca mide distancia, Él no conoce derrotas, Él es perfecto en sus caminos, Él es la esperanza de toda la humanidad.

Shalom. U'braja. Paz y bendiciones.